Guest Book to Celebrate

Guests

Name _____

Message _____

_____

_____

_____

_____

_____

Name _____

Message _____

_____

_____

_____

_____

_____

Guests

Name _____   *Name* _____

Message _____   *Message* _____

_____   _____

_____   _____

_____   _____

_____   _____

_____   _____

_____   _____

Guests

Name _____

Message _____

_____

_____

_____

_____

_____

_____

Name _____

Message _____

_____

_____

_____

_____

_____

_____

Guests

Name
_____

Message
_____

_____

_____

_____

_____

_____

Name
_____

Message
_____

_____

_____

_____

_____

_____

Guests

Name _____

Message _____

_____

_____

_____

_____

_____

Name _____

Message _____

_____

_____

_____

_____

_____

Guests

Name _____   *Name* _____

Message _____   *Message* _____

_____   _____

_____   _____

_____   _____

_____   _____

_____   _____

_____   _____

Guests

Name _____

Name _____

Message _____

Message _____

_____

_____

_____

_____

_____

_____

_____

_____

_____

_____

_____

_____

_____

_____

_____

_____

Guests

Name _____   Name _____

Message _____   Message _____

_____   _____

_____   _____

_____   _____

_____   _____

_____   _____

_____   _____

Guests

Name _____   *Name* _____

Message _____   *Message* _____

_____   _____

_____   _____

_____   _____

_____   _____

_____   _____

_____   _____

Guests

Name _____

Message _____

_____

_____

_____

_____

_____

_____

Name _____

Message _____

_____

_____

_____

_____

_____

_____

Guests

Name _____ _Name_ _____

Message _____ _Message_ _____

_____ _____

_____ _____

_____ _____

_____ _____

_____ _____

_____ _____

Guests

Name _____   Name _____

Message _____   Message _____

_____   _____

_____   _____

_____   _____

_____   _____

_____   _____

_____   _____

Guests

Name _____   *Name* _____

Message _____   *Message* _____

_____   _____

_____   _____

_____   _____

_____   _____

_____   _____

_____   _____

Guests

Name _____ *Name* _____

Message _____ *Message* _____

_____ _____

_____ _____

_____ _____

_____ _____

_____ _____

_____ _____

Guests

Name _____

Message _____

_____

_____

_____

_____

_____

_____

Name _____

Message _____

_____

_____

_____

_____

_____

_____

Guests

Name _____   *Name* _____

Message _____   *Message* _____

_____   _____

_____   _____

_____   _____

_____   _____

_____   _____

_____   _____

_____   _____

Guests

Name _____

Message _____

_____

_____

_____

_____

_____

_____

Name _____

Message _____

_____

_____

_____

_____

_____

_____

Guests

Name _____

Message _____

_____

_____

_____

_____

_____

_____

Name _____

Message _____

_____

_____

_____

_____

_____

_____

Guests

Name _____   Name _____

Message _____   Message _____

_____   _____

_____   _____

_____   _____

_____   _____

_____   _____

_____   _____

Guests

Name _____

Message _____

_____

_____

_____

_____

_____

_____

Name _____

Message _____

_____

_____

_____

_____

_____

_____

Guests

Name _____   Name _____

Message _____   Message _____

_____   _____

_____   _____

_____   _____

_____   _____

_____   _____

_____   _____

Guests

Name _____

Message _____

_____

_____

_____

_____

_____

_____

Name _____

Message _____

_____

_____

_____

_____

_____

_____

Guests

Name
_____

Message
_____

_____

_____

_____

_____

_____

_____

Name
_____

Message
_____

_____

_____

_____

_____

_____

_____

Guests

Name _____

Message _____

_____

_____

_____

_____

_____

Name _____

Message _____

_____

_____

_____

_____

_____

Guests

Name _____

Message _____

_____

_____

_____

_____

_____

_____

Name _____

Message _____

_____

_____

_____

_____

_____

_____

Guests

Name _____

Message _____

_____

_____

_____

_____

_____

_____

Name _____

Message _____

_____

_____

_____

_____

_____

_____

Guests

Name _____   _Name_ _____

Message _____   _Message_ _____

_____   _____

_____   _____

_____   _____

_____   _____

_____   _____

_____   _____

Guests

Name

Message

Name

Message

Guests

Name _____

Message _____

_____

_____

_____

_____

_____

_____

Name _____

Message _____

_____

_____

_____

_____

_____

_____

Guests

Name _____   *Name* _____

Message _____   *Message* _____

_____   _____

_____   _____

_____   _____

_____   _____

_____   _____

Guests

Name _____

Message _____

_____

_____

_____

_____

_____

Name _____

Message _____

_____

_____

_____

_____

_____

Guests

Name

Message

Name

Message

Guests

Name _____

Message _____

_____

_____

_____

_____

_____

Name _____

Message _____

_____

_____

_____

_____

_____

Guests

Name _____

Message _____

_____

_____

_____

_____

_____

Name _____

Message _____

_____

_____

_____

_____

_____

Guests

Name _____

Message _____

_____

_____

_____

_____

_____

Name _____

Message _____

_____

_____

_____

_____

_____

Guests

Name _____

Message _____

_____

_____

_____

_____

_____

Name _____

Message _____

_____

_____

_____

_____

_____

Guests

Name _____   Name _____

Message _____   Message _____

_____   _____

_____   _____

_____   _____

_____   _____

_____   _____

Guests

Name _____

Message _____

_____

_____

_____

_____

_____

Name _____

Message _____

_____

_____

_____

_____

_____

Guests

Name _____

Message _____

_____

_____

_____

_____

_____

Name _____

Message _____

_____

_____

_____

_____

_____

Guests

Name _____   Name _____

Message _____   Message _____

_____   _____

_____   _____

_____   _____

_____   _____

_____   _____

_____   _____

Guests

Name _____   Name _____

Message _____   Message _____

_____   _____

_____   _____

_____   _____

_____   _____

_____   _____

_____   _____

Guests

Name _____   Name _____

Message _____   Message _____

_____   _____

_____   _____

_____   _____

_____   _____

_____   _____

_____   _____

Guests

Name _____

Message _____

_____

_____

_____

_____

_____

_____

Name _____

Message _____

_____

_____

_____

_____

_____

_____

Guests

Name _____

Message _____

_____

_____

_____

_____

_____

Name _____

Message _____

_____

_____

_____

_____

_____

Guests

Name _____   Name _____

Message _____   Message _____

_____   _____

_____   _____

_____   _____

_____   _____

_____   _____

_____   _____

_____   _____

Guests

Name _____

Message _____

_____

_____

_____

_____

_____

Name _____

Message _____

_____

_____

_____

_____

_____

Guests

Name _____

Message _____

_____

_____

_____

_____

_____

_____

Name _____

Message _____

_____

_____

_____

_____

_____

_____

Guests

Name _____

Message _____

_____

_____

_____

_____

_____

_____

Name _____

Message _____

_____

_____

_____

_____

_____

_____

Guests

Name _____

Message _____

_____

_____

_____

_____

_____

_____

Name _____

Message _____

_____

_____

_____

_____

_____

_____

Gift List

Guests	Gifts
_____	_____
_____	_____
_____	_____
_____	_____
_____	_____
_____	_____
_____	_____
_____	_____

Gift List

Guests   Gifts

_____   _____

_____   _____

_____   _____

_____   _____

_____   _____

_____   _____

_____   _____

_____   _____

Gift List

Guests	Gifts
_____	_____
_____	_____
_____	_____
_____	_____
_____	_____
_____	_____
_____	_____
_____	_____

Gift List

Guests

_____

_____

_____

_____

_____

_____

_____

_____

Gifts

_____

_____

_____

_____

_____

_____

_____

_____

Gift List

Guests   Gifts

_____   _____

_____   _____

_____   _____

_____   _____

_____   _____

_____   _____

_____   _____

_____   _____

Gift List

Guests

_____

_____

_____

_____

_____

_____

_____

_____

Gifts

_____

_____

_____

_____

_____

_____

_____

_____

Gift List

Guests   Gifts

_____   _____

_____   _____

_____   _____

_____   _____

_____   _____

_____   _____

_____   _____

_____   _____

Gift List

Guests	Gifts
_____	_____
_____	_____
_____	_____
_____	_____
_____	_____
_____	_____
_____	_____
_____	_____

Gift List

Guests

Gifts

_____   _____

_____   _____

_____   _____

_____   _____

_____   _____

_____   _____

_____   _____

_____   _____

Gift List

Guests

Gifts

_____
_____
_____
_____
_____
_____
_____

_____
_____
_____
_____
_____
_____
_____

Gift List

Guests

Gifts

_____

_____

_____

_____

_____

_____

_____

_____

_____

_____

_____

_____

_____

_____

_____

_____

Made in United States
North Haven, CT
11 October 2022

25283270R00067